Société Française de Colonisation

(Séance annuelle extraordinaire)

LES
CANAQUES DE LA NOUVELLE-CALÉDONIE
ET DES
NOUVELLES-HÉBRIDES

La colonisation européenne en face de la sauvagerie locale

CONFÉRENCE

PAR

M. Léon MONCELON

Membre du Conseil supérieur des Colonies, Délégué de la Nouvelle-Calédonie

Sous la présidence de M. MILHET-FONTARABIE, sénateur

*Le jeudi 3 décembre 1885, à l'Hôtel de la Société
de Géographie de Paris.*

PARIS

IMPRIMERIE DES ÉCOLES

HENRI JOUVE

23, Rue Racine, 23

1886

Société Française de Colonisation

(*Séance annuelle extraordinaire*)

LES
CANAQUES DE LA NOUVELLE-CALÉDONIE

ET DES

NOUVELLES-HÉBRIDES

La colonisation européenne en face de la sauvagerie locale

CONFÉRENCE

PAR

M. Léon MONCELON

Membre du Conseil supérieur des Colonies, Délégué de la Nouvelle-Calédonie

Sous la présidence de M. MILHET-FONTARABIE, sénateur

*Le jeudi 3 décembre 1885, à l'Hôtel de la Société
de Géographie de Paris.*

PARIS

IMPRIMERIE DES ÉCOLES

HENRI JOUVE

23, rue Racine, 23

1886

CONFÉRENCE

A LA

SOCIÉTÉ FRANÇAISE DE COLONISATION

———

Mesdames, Messieurs,

Il y a quelques mois, j'eus l'occasion, ici même, de parler de la Nouvelle-Calédonie et des différents éléments de sa population :

Colons européens libres, pionniers énergiques qui n'ont pas hésité à aller fonder à six mille lieues, au milieu de peuplades mal famées, une succursale de la Mère-Patrie;

Colons pénitentiaires, les forçats, au nombre de 12 à 14.000, dont l'Administration n'a su tirer quoi que ce soit encore, et auxquels, par précaution philanthropique, elle fait une situation de bons propriétaires que peuvent envier — mais sans pouvoir y atteindre — les malheureux qui restent honnêtes;

Enfin les récidivistes, que l'on pouvait alors prévoir mais qui, heureusement pour les autres colonies, et malheureusement pour la Guyane, vont être tous, d'abord, exilés dans ce dernier pays.

Il me reste aujourd'hui à vous entretenir, si vous voulez bien le permettre, de l'élément autochthone, de l'indigène Canaque, très intéressant aussi à plusieurs points de vue spéciaux, et dont la situation actuelle est à peu près celle des Néo-Hébridais dont je dirai également quelques mots.

Mais pour expliquer et justifier la présence même de ce groupe particulier de l'espèce humaine sur ces terres isolées et lointaines, les personnes qui ne croient point à la génération spontanée — en ce qui concerne l'homme tout au moins — voudront bien me tolérer un exposé succinct des grandes lois naturelles auxquelles sont soumis autour de nous les éléments.

Il n'est aucun marin qui ne connaisse les courants réguliers qui s'établissent à la surface des mers, courants dont il sait admirablement se servir au bénéfice de la rapidité des traversées et dont il a si bien étudié les sources, les directions, la vitesse et les points d'arrivée qu'il en a dressé la carte exacte avec la précision que mettent nos géographes à tracer, sur les cartes du continent, les routes, les chemins de fer, les canaux, etc.

Tout le monde connaît aujourd'hui l'existence et la marche précise du Gulf-Stream, cet immense courant qui aspire les eaux chaudes de l'Equateur, les entraîne en masse colossale à travers l'Atlantique du Nord jusque sur les rivages glacés de la mer polaire dont elles attiédissent la rude température et qu'elles enrichissent des débris ligneux de toute sorte que les fleuves d'Amérique leur ont apportés des immenses forêts tropicales.

Je citerai encore le grand courant de Humbold qui, partant des parages du Cap Horn longe à distance toute la Côte Ouest de l'Amérique du Sud et va se perdre, sous l'Equateur, dans ce vaste désert d'eau qui est l'Océan Pacifique. Ce dernier courant fait faire trois milles à l'heure au navire qui peut en profiter.

Et partout, dans toutes les directions, des courants semblables, n'ayant pas tous, évidemment, une importance égale, mais tous, à un moment donné, agents actifs des migrations forcées.

Considérons maintenant, au dessus de ces courants d'eau, les courants d'air réguliers, qui souvent y correspondent par une marche parallèle, non moins réguliers, non moins constants, que l'on nomme les moussons et les alizés.

Dans le nord du monde, ce sont les vents d'ouest qui dominent dans l'Atlantique; les moussons soufflant des côtes de l'Inde et de la Chine pendant six mois; de la partie opposée, pendant le reste de l'année, dans le Pacifique et la Mer des Indes.

Dans l'hémisphère sud et à quelques degrés au nord de la Ligne dans certains parages, les alizés de la partie Est règnent en maîtres à peu près pendant l'année entière, et régulièrement du sud-est pendant au moins huit mois.

Ce système naturel de la marche constante et régulière des courants d'air et d'eau étant connu et admis, on reconnaîtra facilement qu'un objet susceptible de flotter, un tronc d'arbre par exemple, exposé sur les côtes de l'Inde, sera entraîné par la mousson jusqu'aux différents groupes d'îles qui émergent de l'Océan

Indien; ou, partant des côtes d'Amérique, sera poussé par les courants marins et les alizés sur les rivages des terres qui parsèment la Mer Pacifique.

Dans l'hémisphère sud, la migration de l'espèce humaine a forcément suivi la marche des éléments et, chose remarquable, par des raisons qui ne sont certainement pas les mêmes, cette migration, pour notre globe entier, s'est opérée de l'est à l'ouest dans les deux hémisphères.

C'est donc à l'aide de milliers, et peut-être de millions d'années et de naufrages successifs, que le Canaque a pu apparaître dans ces îles fertiles des Hébrides et sur cette grande terre si abrupte, à l'aspect si étrange, mais si poétique et si séduisante dans sa sauvagerie même, le Nouvelle-Calédonie.

Tous les peuples sauvages des bords de la mer sont navigateurs. Ils creusent des pirogues dans les troncs énormes que leur fournissent les luxuriantes forêts de leurs montagnes, et vont à la recherche du poisson dont leurs lagons abondent. Ils y vont très souvent en famille avec les femmes et les enfants ; leurs esquifs portent des plates-formes sur lesquelles le feu est soigneusement entretenu et ils peuvent ainsi passer plusieurs jours sur les récifs voisins, sans rentrer à la tribu... Mais alors, qu'il survienne une de ces perturbations épouvantables, une de ces tornades, un de ces cyclones dont rien, en Europe, ne saurait nous donner idée, et la pirogue, jouet des vents et des lames, est entraînée comme un fétu jusqu'à ce qu'une terre nouvelle surgisse et lui barre le passage.

Pendant le terrible trajet, l'esquif aura tourbillonné

et chaviré bien des fois... mais le sauvage est dans son élément, et si la faim n'a pas le temps de dompter son énergie et son adresse en paralysant ses forces, il aura maintenu quand même sa perche de salut à fleur d'eau et il atteindra nu, dépouillé, mais avec toute sa fierté native la nouvelle patrie qui lui est imposée.

Nul ne saurait fixer une date, même approximative, à l'occupation, par les Canaques, des Hébrides et de la Calédonie. Ce qui est certain, c'est que, par les traces considérables d'anciennes cultures, on constate la présence, à une époque déjà reculée, d'une population très nombreuse, en Nouvelle-Calédonie surtout, où pas un recoin de terre propre aux cultures indigènes n'a été négligé. Or, si réellement le peuple canaque doit son origine au naufrage d'un ou plusieurs couples d'Adams et d'Eves exotiques, on peut difficilement se faire une idée du grand nombre de siècles qui ont été nécessaires pour cette évolution.

Aujourd'hui, il n'existe guère, sur le groupe calédonien, que quarante à cinquante mille Canaques et peut-être un peu plus dans les Nouvelles-Hébrides ; mais là on ne saurait de longtemps obtenir de chiffres précis, car l'intérieur des îles est encore à peu près inconnu.

Le gros de la population indigène est groupé par tribus sur le bord de la mer, dans les deltas fertiles des rivières à l'entrée des principales vallées, dans des villages fort pittoresques, presque toujours ombragés par des bosquets de cocotiers, l'arbre providentiel des pays équatoriaux.

Dans les basses vallées, l'indigène trouve réunies

toutes les conditions nécessaires à son existence : la mer avec ses coquilles, ses crustacés et ses poissons, le cocotier avec son fruit nourrissant, son eau précieuse, son bois, ses palmes; enfin les terres les plus faciles à ouvrir de son piquet primitif et dans lesquelles ses racines privilégiées, l'igname et le taro, croissent à merveille, ainsi que la canne à sucre et le bananier.

La naissance d'un enfant n'est suivie d'aucune cérémonie particulière; le petit être est quelquefois plongé dans les eaux de la mer ou de la rivière voisine, mais on ne saurait voir là qu'un simple bain et rien qui ressemble, même de loin, à un baptême quelconque.

Dans les familles aisées, des chefs ou des puissants des tribus, la naissance d'un enfant donne lieu à des agapes auxquelles sont souvent conviées toutes les tribus voisines. On dévore quantité d'ignames, de poissons séchés, de taros et de cannes et, pendant que les jeunes se livrent à des exercices échevelés, les vieux font des discours à perdre haleine sur de véritables futilités.

Cependant, il arrive presque toujours qu'un père qui vient d'avoir récemment un fils, profite de l'occasion de cette fête pour faire des propositions au père de la fille dont on célèbre la naissance. Il ne s'agit ni plus ni moins que des fiançailles des deux enfants...

Et, si le marché se conclut, les deux familles veilleront avec soin à ce qu'il ait ses suites naturelles, et le couple aura beau faire, il n'arrivera qu'avec les plus grandes difficultés à se soustraire aux obligations imposées pas les parents.

Ces marchés ont les suites les plus déplorables.

D'abord les âges ne sont point assortis, et bien souvent les caractères ne le sont pas davantage ; il en résulte des unions infécondes, des produits souvent rachitiques et des perturbations matrimoniales qui causent souvent des luttes acharnées entre les tribus.

Les considérations d'âge n'arrêtent guère le Canaque pour le mariage. Il considère avant tout la femme au point de vue des services qu'elle peut lui rendre comme bête de somme. Aussi le mariage, plus encore que chez nous, est-il un marché dans toute l'Océanie.

Plus un Canaque peut avoir de femmes et plus il vit au sein de l'abondance et du bonheur. — En serait-il ainsi chez nous ? — C'est que toutes sont employées à pourvoir ce seigneur et maître de toutes les choses qui lui sont nécessaires ou agréables.

Mais il ne faudrait pas croire que ces malheureuses souffrent réellement de la situation abrutissante qui leur est faite. Elles portent sans chagrin et sans murmures les plus lourdes charges. On ne rencontre jamais une femme canaque d'un certain âge qui n'ait, suspendu à son dos par des bretelles de lianes ou de paille qui lui entrent dans les chairs, un ballot énorme de toute espèce de choses ! Eh bien ! malgré l'ardeur du soleil, les pentes ardues et les difficultés du terrain, cette femme rit et cause avec ceux qu'elle rencontre absolument comme une bourgeoise de Paris allant faire une promenade au Luxembourg.

Et j'ajouterai, Mesdames, que telle est l'habitude des Calédoniennes et des Hébridaises de sentir quelque chose de lourd sur le dos qu'elles sont presque malheureuses lorsque, par hasard, elles ne rencontrent rien à charroyer. J'eus un jour la curiosité de visiter le ballot enveloppé de peau de niaouli sous lequel succombait une vieille popinée de ma connaissance ; et savez-vous ce que j'y rencontrai ? Quarante kilos au moins de cailloux ordinaires, de simples cailloux que la bonne femme, plutôt que d'aller à vide une fois dans sa vie, transportait, à plus de trois lieues de distance, dans un village situé au pied même d'une montagne entièrement composée de pierres de la même nature. Je lui en fis l'observation. Cette remarque fit sourire ma vieille amie qui me demanda une pipe de tabac et continua sérieusement le transport de ses cailloux.

De pareilles femmes sont donc bien précieuses pour le sexe fort de cette race, sexe aussi avide et gourmand que fainéant.

Aussi tout Canaque qui en a les moyens ne manque jamais d'acheter plusieurs femmes. En Calédonie, ces achats se font généralement entre indigènes à l'aide de quelques décimètres de monnaie calédonienne — chapelets de petits coquillages rares, ou souvent même à l'aide d'un objet sans valeur réelle mais qui a plu au vendeur.

Aux Nouvelles-Hébrides, où le PORC jouit d'une telle considération qu'on l'admet volontiers à partager le lit et la table, c'est tout naturellement contre cet aimable et intéressant animal que la femme est échangée, ce qui ne nuit en rien au sérieux et à la valeur du marché.

Vous souriez, Mesdames, et réellement, moi je suis navré... Mais tout n'est que convention sur la terre, et la plus belle moitié du genre humain ne paraît en rien, aux Hébrides, s'offusquer d'un marché aussi déplorable.... et je ne puis mieux faire que de vous conter à ce sujet une petite anecdote caractéristique.

J'avais sur mes plantations plusieurs Néo-Hébridais dont l'un était particulièrement chargé des soins de la porcherie. Un jour il arriva qu'une mère eut plus de petits qu'elle ne pouvait en nourrir et l'un des nouveaux-nés resta sans tétine. Que faire? Mon Néo-Hébridais ne fut pas longtemps embarrassé et me dit gravement: Toi faire téter à une popinée déjà pikinini!

Je fis jeter quand même le malheureux déshérité à la rivière, mais le Canaque parlait sérieusement, car, aux Hébrides, un petit porc n'est jamais perdu de ce fait, alors que la maîtresse du logis est en état de lui offrir le sein.

Je serai même porté à croire, qu'aux Hébrides le petit pouaca a plus de valeur que le petit enfant, aux yeux des parents mêmes, et cette appréciation, quelque pénible qu'elle soit, vous paraîtra malheureusement très vraisemblable lorsque je vous aurai dit avec quelle facilité la mère canaque, en général, peut se débarrasser de son nouveau-né.

Sur les plantations dont j'ai parlé tout à l'heure, j'occupais, outre un certain nombre de Néo-Hébridais, plusieurs blancs et un grand nombre de Calédoniens, hommes et femmes.

L'une de ces dernières, âgée déjà et point belle du tout, mais excellente travailleuse, eut un petit garçon dont j'appris la mort en même temps que la naissance. La malheureuse lui avait brisé le crâne, à l'aide d'une pierre dure, crime que je pus vérifier.

Personne ne s'en émut à la tribu où elle continua à jouir de l'estime que mérite une excellente bête de somme.

Je dois dire cependant que ces actes féroces tendent à devenir rares. Le père Canaque veille sur son garçon qui perpétuera sa race et qui lui aidera un jour à cultiver les ignames et à façonner les tarodières; mais il s'occupe peu des filles dont se débarrassent parfois les mères, pour avoir plus de liberté et surtout pouvoir courir les Pilous tout à leur aise.

Fn général, les ménages canaques ont peu d'enfants; les familles nombreuses sont rares, et l'on a remarqué qu'il naissait plus de garçons que de filles, particularité qui, jointe à la négligence coupable des mères pour ces dernières, suffirait à expliquer la disparition progressive de la race sans chercher à l'attribuer exclusivement au contact des Européens.

Les mères canaques allaitent pour ainsi dire indéfiniment leurs enfants qu'elles n'ont jamais l'énergie de sevrer. Je vis un jour, en traversant un village de l'Intérieur, un enfant qui, alternativement, fumait la pipe accrochée au lobe de l'oreille de sa mère et saisissait le sein où il buvait quelques gorgées! Ce spectacle était abominable; quant à l'enfant, il pouvait avoir cinq ans.

Il peut se faire aussi que ces malheureuses femmes n'ont pas sous la main ou ne savent pas préparer la nourriture fine et substantielle qui convient au premier âge, ce qui serait une certaine excuse à cette situation déplorable.

Malgré tout, les enfants viennent encore assez bien sous ce climat privilégié! Il faut entendre les hurlements que pousse toute cette vermine jouant à travers les villages, sous les cocotiers ou sur la plage, se bousculant jusque dans la rivière et dans la mer où tout disparaît en un clin d'œil pour revenir bientôt à la charge et replonger à nouveau!

Tout ce petit monde est nu comme la main et le magasin qui n'est pas au coin du Quai n'a pas de plus mauvaises pratiques.

Les petites filles restent généralement autour des femmes, avec un tapa de deux doigts de hauteur au-dessus des hanches; elles aident aux mères à gratter les palourdes dans les sables des rivages, à traîner le bois au foyer, etc., et, bien jeunes encore, on les rencontre déjà avec leurs petits faix sur les épaules.

Le Canaque, lui, vit en amateur; c'est un seigneur auquel toute femme doit des égards; aussi, lorsqu'il suit un sentier, majestueusement vêtu d'un lambeau d'étoffe de 20 centimètres carrés et coiffé de son bonnet de manou indigène, chaque femme qui l'aperçoit se cache immédiatement dans la brousse, si elle en a le temps, ou se prosterne, la tête basse, si elle est surprise! Lui, passe sans avoir l'air de voir ce manège.

Le Canaque est généralement occupé à ne rien faire. Il flâne, sa hachette à long manche ou sa sagaïe à la main, sa fronde tournée autour de la tête, le pompon sur la tempe. Il passe des heures entières à errer sur la grève, guettant l'apparition de quelque gros poisson qu'il sait habilement transpercer du redoutable engin qu'il tient comme une menace perpétuelle.

Le Canaque se plaît surtout au bord de l'eau parce qu'il a chance d'en tirer quelque chose... et aussi parce qu'il s'amuse toujours des ricochets des pierres de sa fronde à la surface. Ce jeu prime tous les autres ; et l'on rencontre à chaque instant des vieillards à barbe blanche perdant leur temps à ce singulier amusement.

En fait de travaux, l'homme n'exécute absolument que ce que la femme n'est pas en état de faire.

Il se livre à la grande pêche à l'approche des Pilous et fait sécher le poisson.

Il façonne, et très solidement et habilement, quoique fort lentement, les magnifiques filets et tous les engins qui servent à la pêche.

Il coupe, dans les grandes forêts de l'Intérieur, les troncs énormes qu'il façonne grossièrement sur place et qu'il creuse ensuite, et polit et sculpte sur le bord même de la mer où les a entraînés la tribu tout entière, attelée à des lianes immenses, et au milieu de gambades et extravagances de toute sorte. Ces troncs, parfois au lieu d'être transformés en pirogues, sont disposés pour soutenir les grandes cases d'apparat des villages.

Rien de curieux comme cette manœuvre de la descente de ces pièces énormes du centre des forêts encore vierges jusqu'à la mer, à l'aide des moyens primitifs dont disposent ces sauvages.

Lorsque le conseil des vieillards, toujours plus écouté et redouté que le chef même, a décidé que la tribu devait construire une grande pirogue pour le service de tous, on désigne un certain nombre de Canaques, renommés pour leur connaissance des bois et leur habileté en sculpture, afin de choisir, dans les forêts, l'arbre ou les arbres nécessaires.

La recherche est quelquefois longue; mais jamais les difficultés que peut entraîner la situation même de l'arbre n'entrent en considération dans le choix qui est fait. Si l'arbre convient par sa qualité et son énormité cela suffit, serait-il sur une pente de 50 degrés ou dans le fond du plus effrayant des précipices.

On met quelquefois plus d'un mois à l'abattre — car souvent la base de ces géants s'appuie sur des contre-forts puissants qui en doublent le diamètre et couvrent tout un territoire. Jadis c'était par l'entretien d'un feu constant que les Canaques arrivaient à user ce qu'ils coupent aujourd'hui à l'aide de la hache américaine qui est parvenue jusqu'à eux. Il fallait alors une année peut-être pour arriver au même but.

Pendant ce pénible travail, tous les hommes valides de la tribu sont occupés à tracer et déblayer à travers l'inextricable végétation de la forêt le sillon que devra suivre la pièce de bois pour se rendre au village et à la mer. Il est difficile de se faire, chez nous, idée d'une besogne pareille à travers les entassements prodigieux d'une forêt tropicale et les brusques accidents de terrain qui caractérisent les îles qui nous occupent. La sente déblayée plonge parfois brusquement au centre de véritables gouffres pour se redresser immédiatement sur des parois presque à pic.

N'importe, on sape, on coupe, on ouvre malgré tout la voie, du lieu où gît le bloc jusqu'aux confins de la forêt.

Il ne s'agit plus que de disposer les lianes solides, nécessaires à la traction, et à se procurer la force suffisante. C'est alors qu'une véritable fête commence.

On a invité les amis des tribus voisines à venir donner leur concours, et au jour convenu on peut apercevoir des grappes humaines noires et mouvantes suspendues aux flancs des montagnes, convergeant toutes vers le point indiqué.

Une fois réunis, toutes les forces s'établissent autour du monstre à entraîner; le chapelet humain s'allonge en deux files sur les lianes amarrées de façon à éviter tout frottement sur le sol; de solides gaillards, armés de leviers, escortent les flancs du bloc de façon à lui faire éviter les obstacles et à le soulever s'il vient à s'accrocher quelque part; puis, tout étant bien disposé, un hourrah formidable éclate sous les voûtes du bois et le singulier attelage s'élance en bondissant sur la sente tracée.

On met parfois huit jours et plus pour arriver à la mer; mais il n'est pas d'exemple qu'on ait jamais abandonné un poteau ou une pirogue en route. La patience est la force du sauvage! Il faut les voir, dans les pentes escarpées, calant le bloc prêt à retomber au fond du ravin, puis se reprenant en chantant en chœur, le faisant avancer d'une brasse, le calant à nouveau, pour enfin atteindre le sommet aigu d'où il faudra encore replonger dans l'abîme.

Mais si la montée est un labeur immense, la descente est une joie insensée; la poutre est lancée par la multitude qui l'entraîne de toute la vitesse de ses jambes d'acier..., le tronc bondit et se précipite, semblant devoir broyer tous les imprudents qui narguent ses menaces.... et, de temps en temps, pendant cette descente vertigineuse, vous apercevez les plus audacieux s'élancer sur le dos du monstre, y stationner quelques secondes en poussant des sifflements aigus pour sauter en riant du côté opposé.

Arrivée au village, la pièce est remisée à l'ombre des cocotiers et livrée aux principaux artistes de la tribu. Si c'est un poteau de case, elle est arrondie à sa base et disposée à la partie supérieure pour recevoir les bois de la toiture. Elle est alors en houp, essence incorruptible d'une grande densité et d'un beau grain jaune-brun. Si c'est une pirogue que l'on veut établir, la pièce est creusée lentement à l'aide de hachettes, d'erminettes, de ciseaux de menuisiers, emmanchés par les ouvriers eux-mêmes et d'une façon toute particulière; puis elle est façonnée extérieurement, de manière à bien s'asseoir sur l'eau, sculptée aux deux extrémités, pourvue de balanciers destinés à la rendre stable lorsqu'elle ne doit pas être accouplée à une autre pirogue même, et enfin munie d'un mât, d'une voile de nattes triangulaire, d'une ancre, qui n'est autre qu'une pierre lourde et percée d'un trou qui sert à la rattacher à l'embarcation, et enfin lancée à la mer.

L'homme canaque façonne la carcasse des cases dont il coupe et transporte les plus gros matériaux; la femme extrait et charrie les peaux de niaoulis, qui servent à blinder la base, et la paille de chiendent ou les palmes de cocotier, qui forment les couvertures.

Aux Hébrides comme en Calédonie, la forme usitée est celle d'une ruche; elle s'explique parfaitement par la résistance toute particulière qu'elle oppose aux efforts des cyclones qui ravagent ces contrées.

Toutefois, les cases des Hébridais ont un aspect

plus élégant que celles des Calédoniens. Cela tient à l'emploi qu'ils font de bambous juxtaposés pour former les parois inférieures et même les charpentes intérieures. Le niaouli, dont la peau incorruptible est si utile au Canaque calédonien pour cloisonner ses cases, n'existe pas aux Hébrides.

Ces cases rondes, destinées au sommeil, sont absolument closes de toute part, excepté sur le point où est ménagée une étroite et basse ouverture qui en permet l'accès. Généralement cette ouverture ne peut se fermer qu'à l'aide d'un léger rideau de fibres détachées glissant sur une tringle de bois dur.

Dans ces cases, aucun ameublement particulier. Sur le sol sont étalées des nattes de pandanus, posées sur quelques brins de paille et qui servent de couches aux indigènes.

Quelquefois un plancher supérieur supporte des nattes de rechange, des filets, quelques armes, des étoffes indigènes, etc.

Dans les cases des chefs, ces planchers sont un objet de luxe : ils sont composés de longs et larges plateaux obtenus en usant et amincissant des arbres entiers et que l'on couvre de hideuses têtes sculptées, tirant régulièrement une langue démesurée.

Toute case indigène est munie de son foyer, formé de quatre pierres longues, destinées à isoler les nattes et la paille et dans lequel est entretenu un feu constant, surtout pendant la nuit.

J'ai souvent été obligé de coucher chez les Canaques, et j'ai remarqué qu'ils entretiennent le feu, non tant contre les moustiques, comme on le croit généralement, que contre le froid et par le besoin continuel qu'ils éprouvent d'allumer leur pipe toutes les fois qu'ils s'éveillent et de venir se griller les mollets au-dessus des tisons. Contre les moustiques, ils ont le rideau dont j'ai parlé et qui ferme parfaitement le trou étroit de la porte tout en permettant à une portion de la fumée de s'écouler.

Je ferai remarquer à ce sujet que les moustiques, comme nos cousins d'Europe, courent à la chaleur et à la lumière, et qu'allumer du feu est un excellent moyen de les attirer.

Quant à la fumée, elle monte et emplit la case, mais elle laisse toujours au ras du sol un certain espace libre qui permet aux hommes étendus de ne pas suffoquer, espace excessivement favorable aussi aux opérations des moustiques si l'accès de la case ne leur était interdit par le rideau de l'ouverture.

Dans ces cases, les femmes n'entrent jamais; elles ont dans tous les villages des quartiers généraux où elles s'entassent et où elles préparent les repas en commun pour tous les hommes qui ont des relations d'amitié ou de famille.

Tous les jeunes gens, jusqu'à un certain âge, habitent également en commun de grandes cases où les vieux et les femmes mettent rarement les pieds.

On rencontre également dans tous les villages de grands abris de forme carrée et ouverts d'un côté, sous lesquels on expose les filets et où les hommes, pendant le mauvais temps, aiment à s'assembler pour causer tout en reprenant les filets ou en en faisant de nouveaux.

Toutes ces cases sont disposées dans les situations les plus pittoresques, entourées de petits glacis de pierres de couleur qui soutiennent une plate-bande de très jolies plantes d'ornement. Dans le centre des villages, la place publique consiste en magnifiques allées de cocotiers, tapissées d'un chiendent particulier fin et soyeux, sur lequel les Canaques, comme les voyageurs, se reposent avec bonheur.

C'est encore l'homme canaque qui façonne les armes en bois ou en pierre, qui bat l'écorce des racines de banian et des arbustes dont il tire les avas et les étoffes canaques, dont voici un spécimen; c'est lui, enfin, qui défonce à l'aide de son piquet durci au feu la terre où seront plantés les ignames et les taros, les cannes à sucre et les bananiers.

La femme, accroupie devant le travailleur, saisit les mottes de terre soulevées par le formidable piquet, les écrase et les triture entre ses mains, lançant à part les racines et débris jusqu'à ce que la terre reste nette et fine derrière elle.

C'est cette terre qui recevra les germes des ignames pour l'année suivante.

Quant aux tarodières, étagées en rayons sur le flanc des montagnes, elles donnent lieu à un travail tout particulier et offrent un coup d'œil ravissant.

Des bassins superposés, établis dans une terre battue et foulée aux pieds, reçoivent les eaux amenées du cours d'eau voisin par des rigoles admirablement réglées et qui les déversent avec une régularité parfaite. L'eau descend d'un bassin dans l'autre sans jamais rien entraîner et entretient la végétation du haut en bas de la montagne canalisée.

Dans les bassins, l'eau tiédit en plein soleil et, sous cette heureuse influence, le taro, l'arum esculentum, que vous connaissez, Mesdames, croit et prospère sous son large et superbe feuillage.

Les travaux sérieux de culture n'occupent guère les hommes que deux ou trois mois par année ; la femme reste chargée presque exclusivement du sarclage et de l'entretien, l'homme passe simplement de loin en loin donner son coup d'œil.

L'extraction de la première igname est une fête, et nul ne peut toucher à la racine sacrée tant que le chef de chaque village, d'une case construite tout exprès, n'a pas hurlé le signal d'usage.

Après cette cérémonie, les hommes peuvent manger l'igname ; mais, pendant plusieurs jours, les femmes en sont encore privées sous peine de mourir pendant l'année... puis enfin elles obtiennent grâce et mangent l'igname, mais bouillie seulement, pendant un mois encore : celui ou celle qui la ferait rôtir sous la cendre s'exposerait aussi à périr dans l'année.

Quand l'igname est mûre, on est riche ; et alors commence la période des Pilous.

Ces fêtes, souvent décrites, se composent de danses spéciales, de défilés de guerriers ; de divers exercices à la sagaie et la fronde, et enfin de repas homériques dans lesquels on consomme les vivres, qui souvent soutiendraient une tribu pendant une année.

Un Pilou qui réunit plusieurs milliers de Canaques sous les allées d'un village, est un spectacle fort curieux et qui émeut tous ceux qui y assistent pour la première fois.

Cette masse d'hommes, alertes et vigoureux, qui s'agite en cadence, aux accents monotones mais puissants d'un chant barbare, faisant trembler du pied la terre, menaçant l'air de ses armes bizarres, vous impressionne d'une étrange façon, et on se reporte malgré soi à quelques années en arrière, à l'époque où ces danses et ces sifflements préludaient à des festins hideux.

Au lendemain du grand Pilou, les jeunes gens de la tribu qui donne la fête ont l'habitude d'offrir à leurs invités le spectacle de danses particulières qu'ils ont imaginées et étudiées pour l'occasion. Ces danses de caractère, admirablement réglées, exécutées avec un ensemble incroyable, feraient très certainement la fortune de l'un de nos grands théâtres de Paris; mais rien, à Paris même, ne saurait reproduire le cadre étrange qui leur donne tant de charmes.

Dans les Pilous, les femmes assistent aux exercices des hommes; elles ont aussi leur emplacement particulier où elles se livrent à des courses échevelées autour de perches dressées en terre et chargées d'ignames.

Au pied même de ces perches, des groupes de hideuses vieilles excitent l'entrain par leurs hurlements et leurs trépignements frénétiques, et de temps en temps toutes s'arrêtent subitement pour pousser en chœur un cri perçant particulier.

Dans la nuit, les hommes, après s'être repu, viennent se mêler aux femmes, et ce branle insensé qui commence au coucher du soleil ne peut se terminer qu'au lever précis de l'astre du jour.

Alors, un air très frais souffle de l'intérieur, les Canaques, hommes et femmes, harassés et couverts de sueur, s'entassent sous tous les abris du village..... Mais tous ceux qui tombent et s'endorment en plein air y contractent le germe de phthisies dévorantes.

Avant la venue des Européens, ces Pilous étaient souvent le signal de mêlées sanglantes dont les victimes étaient dévorées. Aujourd'hui, rien de semblable, et si querelles il y a, elles se liquident dans des endroits retirés, loin des yeux des Européens.

Quant au cannibalisme, il existe toujours, et nous en avons eu des preuves terribles en 1878. Mais on a pu constater, par le dire même de Canaques, que, par goût, ils préfèrent la chair de leur race. C'est une consolation.

Quelques années avant mon arrivée en Calédonie, un grand chef du Centre de l'île, que j'ai reçu depuis bien des fois à ma table, avait été surpris par un lieutenant de vaisseau, les poches de son pantalon garnies d'une provision de chair de popinée.

L'un de mes voisins, à cette même époque, recevait à chaque sacrifice humain le présent d'un morceau de choix, offert par le chef, et qu'il avait grand'peine à refuser, par crainte d'exciter la méfiance de cet ogre, autrement redoutable alors que ne l'est, aujourd'hui, l'ogre Christian, de la Gaîté.

Le Canaque vieillit à bonne heure, et les vieillards d'un âge avancé sont rares.... Néanmoins, chez les hommes, on en trouve qui se rappellent de fort loin, et certains ont des figures vénérables, assez distinguées.

La femme, en général, souvent séduisante dans sa première jeunesse, devient vieille et laide dès son premier enfant. Un allaitement prolongé, le transport perpétuel de charges démesurées la déforment rapidement, et rien n'est plus hideux — qu'on me pardonne cette expression, parce qu'elle est vraie — qu'une vieille femme canaque des Hébrides ou de Calédonie.

Lorsqu'un Canaque se sent malade, il fait venir le takata ou sorcier; c'est le médecin qui connaît les simples, prépare les décoctions et saigne, armé d'un morceau de bouteille pour lancette. La plupart du temps, le malade meurt, et alors nous arrivons aux cérémonies des funérailles.

Avant le refroidissement du corps, ses jambes sont repliées, et il est enveloppé et ficelé dans un emballage de nattes, puis sorti de la case et déposé en dehors, du côté opposé à la porte.

Les vieillards et les amis se réunissent alors dans la case, et de longs discours se succèdent, chantant tous les hauts faits et les vertus du défunt.

Puis le corps est hissé sur l'un des hauts sommets voisins qui servent de cimetière, et là, il est monté et lié sur les perchoirs de famille, établis dans les basses branches d'un sapin ou d'un banian séculaires; parfois même sur le haut d'une roche escarpée. Des avas ou bandelettes sacrées sont attachées tout autour, des ignames sont fixées à des perches particulières, et les gris-gris qu'aimait le mort sont prodigués alentour.

Après la mort, la terre du défunt reste à l'usage de

la famille, mais tout ce qu'il laisse en ustensiles ou en récoltes est partagé entre tous ceux qui pouvaient avoir des relations avec lui.

Du mort, on n'en parle plus; seulement on lui monte de temps en temps une igname.... Non assurément dans les mêmes intentions que celles qui nous animent lorsque nous portons au cimetière des couronnes et des fleurs; mais tout simplement pour que, trouvant sous sa main la racine qu'il a tant aimée, il ne soit pas tenté d'apparaître au village pour y faire ses réclamations.

La peur est, en effet, toute la religion du Canaque qui ignore complètement un Dieu bon et ne craint que les revenants et un certain Baon, qui n'est autre que le Diable en général.

Leurs sorciers ne s'occupent pas de religion, — en Calédonie du moins; — ils sont chargés de certains discours dans les fêtes, ils exercent plus ou moins la médecine, et placent les tabous, qui sont susceptibles d'arrêter ou de provoquer le vent et la pluie.

A cet effet, de gigantesques sapins sont entretenus dans les abords des villages; et c'est au pied de ces monstres de la nature, qui arrivent parfois à 40 mètres d'altitude, que les sorciers déposent leurs amulettes.

Aux Nouvelles-Hébrides, les morts, ficelés sur des bâtons, sont déposés le long des parois de certaines cavernes où les femmes viennent déposer des fleurs jusqu'à la consomption parfaite des chairs... Quant aux pratiques religieuses, elles sont presque inconnues encore. On a bien entrevu certaines statues dans des locaux particuliers ; mais il serait téméraire d'affirmer que ce soient des idoles.

Les Calédoniens sont amateurs de sculptures. Leurs cases sont ornées de plafonds sculptés et surmontées souvent de statues burlesques ; mais ils n'ont aucun culte à cet égard.

Entre les Néo-Calédoniens et les Néo-Hébridais, bien peu de différences caractéristiques : les uns et les autres sont fainéants sur leurs terres respectives et ne deviennent de bons auxiliaires de la colonisation européenne que si l'on parvient à les déplacer.

C'est ainsi qu'en Calédonie les Néo-Hébridais rendent de réels services, tandis qu'aux Hébrides mêmes, il faut les emprunter d'une île à l'autre pour arriver à en faire quelque chose.

Et cela s'explique facilement par l'influence directe d'un milieu où ils ont leurs habitudes et où ils vivent sans travail, comme aussi par la nécessité qu'ils reconnaissent de travailler pour vivre dans un pays où ils ne se sentent d'autre soutien que leur propre engagiste.

Tel est, Mesdames, Messieurs, l'état actuel des peuplades indigènes au milieu desquelles vivent nos compatriotes aux Nouvelles-Hébrides et en Calédonie.

Et cette situation doit être pour beaucoup un sujet de triste étonnement, car, depuis quarante ans et plus, les missionnaires catholiques et protestants catéchisent, et, depuis trente ans passés, nos commerçants et nos colons fréquentent et peuplent ces rivages.

Est-ce donc que la sauvagerie native soit indomptable ? Est-ce parce que les instincts féroces que nous connaissons à cette race ne sauraient être adoucis par le frottement de notre civilisation ? Est-ce enfin, comme on se plaît à le répéter, parce que cette civilisation corruptrice achève de perdre ces malheureux ?

Rien de tout cela, selon moi. J'ai passé près de douze années complètement isolé avec ma famille dans l'intérieur de la Nouvelle-Calédonie, complètement à la disposition des tribus nombreuses et remuantes qui m'entouraient ; j'ai donc pu étudier leurs mœurs, et je crois aujourd'hui bien les connaître.

Eh bien ! le Canaque respecte et écoute celui qui ne convoite pas son bien et respecte son territoire. Du jour où il sera garanti contre tout envahissement, ce grand enfant de la nature viendra franchement à nous et se civilisera rapidement.

Lorsque le *Destrées*, navire de l'État, vint me prendre au fond de la magnifique baie où j'avais passé tant d'années si calmes, au milieu de mes chers sauvages, les officiers purent voir, sur le rivage, des centaines de Canaques, leurs chefs en tête, se pressant pour me faire leurs adieux, me recommandant un prompt retour et me priant de ne pas oublier de demander pour eux, au grand Chef (le Président de la République), des papiers qui leur assureraient comme aux Blancs la propriété de leurs terres.

Ce n'est pas sans émotion, Mesdames et Messieurs, que je vous parle aujourd'hui des démonstrations touchantes de ces pauvres diables au moment de mon départ; et certes leur prière pour moi était sacrée, et j'y donnai suite dès mon arrivée en France.

Voici le rapport que j'adressai à ce sujet à l'amiral Peyron, Ministre de la Marine, et dont je vous demande l'autorisation de lire un court passage :

Aujourd'hui, Monsieur le Ministre, ma longue expérience d'une race au milieu de laquelle j'ai vécu me permet de vous affirmer que nous n'aurions plus rien à redouter des Canaques de la Nouvelle-Calédonie si nous les garantissions contre toute tentative du genre de celle de M. B***; en un mot, si nous les rendions définitivement propriétaires des réserves qu'ils occupent actuellement au simple titre d'usufruitiers temporaires ; et ce serait par un acte de pure justice que nous nous attacherions enfin cette race, qui, malgré tout, a des qualités et peut se perfectionner.

— Donner à chaque indigène, comme on le donne à chaque colon, un titre de propriété pour les immeubles dont il jouit sur le territoire commun, telle est, selon moi et beaucoup d'autres, Monsieur le Ministre, la meilleure solution de la question si grave qui nous occupe.

Les résultats d'une pareille détermination, si elle était exécutée avec conscience, avec impartialité, avec tact, par des agents sérieux, connus et possédant la confiance des indigènes, seraient considérables ; l'influence des chefs recevrait un coup fatal ; chaque titulaire, sûr de son avenir et de celui de sa famille, s'attacherait à la main qui lui aurait fait cette sécurité ; et nous aurions des amis, des alliés dans ces hommes, qui ne peuvent être actuellement qu'à l'état de défiance perpétuelle à notre égard.

Chaque propriétaire, intéressé à tirer parti d'un sol qu'on ne peut désormais lui enlever, mettrait ce sol en état de lui produire ce bien être qu'il envie aux blancs, ses voisins, et la colonie en prendrait un nouvel essor ; il en résulterait aussi, pour les indigènes, des habitudes de stabilité qui leur permettraient de se plier plus facilement à nos mœurs, aux exigences de notre législation.

Tout propriétaire pouvant disposer à sa guise de sa propriété, dans la mesure légale, il arriverait que les pères de famille, les hommes laborieux conserveraient avec soin les droits que l'Etat leur aurait cédés ; les autres céderaient ces droits en tout ou partie à la colonisation qui s'étendrait ainsi sur un excellent territoire et acquerrait du même coup la main d'œuvre tout acclimatée des nouveaux prolétaires.

— Ici se place la seule objection qui ait été faite contre ma proposition : certains Européens, dit-on, peu scrupuleux de leur nature, profiteront du caractère enfantin des Canaques pour leur enlever leurs propriétés à des conditions ridicules ; à l'aide de l'ivresse, on pourra les dépouiller de leur terre en échange d'un dollar ou d'une pipe de tabac ! Il est à remarquer que ce sont les blancs qui jouissent le plus facilement du territoire indivis des indigènes qui, seuls, ont formulé cette objection : ce sont les pères Maristes qui, toujours unis aux chefs, perdraient par conséquent comme ceux-ci à l'émancipation de la race !

Cette objection n'a qu'une valeur apparente et disparaît totalement devant un règlement d'administration locale qui établira les dispositions et conditions à respecter dans les contrats de l'espèce : un minimum versé devant l'autorité, des délais de réflexion entre la promesse de vente et l'époque de la passation de l'acte, etc.

MONSIEUR LE MINISTRE,

J'ai l'honneur de vous proposer, comme conséquence des considérations et observations qui précèdent, d'appliquer à tous les indigènes de la Nouvelle-Calédonie et dépendances la législation domaniale locale en vigueur, avec réserve que des titres définitifs leur seront immédiatement accordés après délimitation, sans redevances d'aucune sorte, si ce n'est la prestation en nature pour les routes, et sans impôt foncier pendant une période d'années à déterminer.

C'est, Monsieur le Ministre, avec la conviction profonde que cet acte de justice produira les meilleurs résultats tant au point de vue de la civilisation de la race canaque qu'à celui de la sécurité définitive de la colonie qui m'a honoré de sa confiance, que je formule ma proposition et que je vous supplie de vouloir bien l'examiner avec tout l'intérêt qu'elle comporte.

Moyens administratifs :

Classement des indigènes parmi les colons ; titres de propriété des terres dont ils ne sont actuellement considérés que comme usufruitiers temporaires ; inscription des indigènes à l'état civil ; Instruction primaire gratuite et obligatoire ; prestations en nature sur les voies publiques comme unique impôt.

M. l'amiral a sans doute lu ou fait lire ce rapport, mais rien n'est venu prouver qu'il l'ait pris en considération. Après M. Peyron, vint l'amiral Galiber, notre ministre actuel. J'avais eu l'honneur de faire sa connaissance sur le paquebot qui le ramenait de Madagascar ; je lui soumis le rapport, et il voulut bien me répondre très courtoisement qu'il lui paraissait intéressant et qu'il s'en occuperait..... plus tard !

Hélas ! le pauvre rapport est sans doute endormi à l'heure qu'il est avec tous ses frères aînés dans les greniers de la rue Royale.

Et cependant, je ne saurais douter que la sécurité du colon comme la civilisation du Canaque ne dépendent de cet acte de pure justice.

Le Canaque se sait propriétaire légitime du sol, — il en est le premier occupant ; — et comme la terre lui abonde, il veut bien vendre les parcelles dont il peut se passer, mais il se révolte lorsque, s'appuyant sur le droit de conquête, on veut l'en dépouiller.

Jamais, du reste, un indigène des Hébrides ou de Calédonie n'a cherché à violer un marché de ce genre qu'il avait librement consenti.

La Société française des Nouvelles-Hébrides, dont nous possédons ce soir parmi nous le directeur, a traité avec les indigènes pour d'immenses et fertiles territoires. Et soyez bien certains que tous les colons qui auront la bonne fortune de s'installer sur ces terres y jouiront — de ce fait — d'une grande tranquillité.

Je possède moi-même en Nouvelle-Calédonie une vallée qui m'a été librement cédée par les indigènes, qui ne m'en ont jamais contesté la libre jouissance; bien loin de là, ils m'ont souvent prêté leur concours dans quelques-uns de mes travaux.

Mais, depuis, l'Administration du Domaine s'est déclarée seule propriétaire ; l'État seul peut désormais disposer du bien de ces pauvres gens, qui ne sont plus même usufruitiers à vie, puisqu'il dépend d'un administrateur quelconque de renouveler les tristes opérations qui nous ont valu jadis de si tristes représailles. Le décret du 16 août 1884 porte d'une façon explicite que l'État reste propriétaire du territoire canaque et peut en disposer à la disparition des indigènes — absoment comme si, en France, la population venant à décroître, l'État viendrait rogner les domaines particuliers et dire aux intéressés : « il vous en reste encore bien assez. »

En résumé, Mesdames et Messieurs, on n'a, en réalité, jamais rien tenté de sérieux pour nous assimiler les races indigènes... Et les Anglais, eux, que l'on cite éternellement comme des modèles de colonisateurs et surtout de philanthropie, les Anglais, savez-vous ce qu'ils font? Ils prennent d'abord la terre, et en chassent ensuite à coup de fusil ceux des indigènes qui ne s'inclinent pas devant le droit de conquête!...

En Queensland, encore hier, les pauvres Australiens étaient traqués comme des renards... et en Nouvelle-

Zélande, les Maoris, race supérieure, ont dû s'armer pour se défendre.

Quoi qu'il en soit, aujourd'hui, aux Hébrides, comme en Nouvelle-Calédonie, la personne même de l'indigène est respectée de tous, et mon exemple peut servir à établir que le colon qui sait rester en bonnes relations avec ses voisins, les protéger même contre les injustices, peut réussir à vivre et même à prospérer dans ces splendides contrées.

Avec de la douceur et beaucoup de patience, j'avais réussi même à modifier quelques-unes des mœurs les plus barbares de mes voisins. C'est ainsi qu'à mon départ les tribus de ma baie enterraient leurs morts, même les vieillards et les chefs.

La force de la superstition les avait fait longtemps résister à mes remontrances à cet égard, lorsqu'un jour, après une longue course à travers les montagnes, je me trouvais en compagnie du chef, à la recherche d'un ruisseau... Après bien des détours sous une chaleur torride, le bruit agréable d'une eau courante vint frapper nos oreilles... Nous nous précipitons; mais le spectacle qui s'offrit à nous, au bord même de cette eau si désirée, nous fit fuir d'horreur : un corps canaque, dégringolé du sommet voisin, gisait là, à moitié plongé dans le ruisseau !...

Cet incident fit autant pour la cause que je plaidais que tous mes raisonnements; et, depuis ce jour, la tribu de Bâ enterre ses morts.

Qu'il me soit permis, Mesdames et Messieurs, après

ces courtes appréciations, que l'heure m'oblige à restreindre encore, de vous recommander tout particulièrement les magnifiques pays où vous avez bien voulu me laisser vous conduire et où, je vous l'assure, l'indigène même ne fait pas mal du tout dans le tableau.

Voyez les Hébrides, ces nids de verdure et de fleurs, que Cook estimait supérieurs en charmes et en beauté à la Perle même du Pacifique, l'élégante Tahiti.

Là, partout, du bord de la mer au sommet des montagnes, une éternelle et splendide végétation recouvre l'humus fécond du sol, et le colon n'a littéralement qu'à débrousser et planter pour être sûr de sa récolte ; que dis-je ? il n'a qu'à prendre sur le gazon le coco qui tombe de l'arbre et en faire sécher la noix huileuse au soleil, pour établir un commerce qui peut suffire à son existence !

Je puis dire, sans aucune exagération, que ces parages sont les plus heureux du monde pour l'homme qui, sans ambition, sait se résigner à une vie paisible, face à face avec les plus charmantes œuvres de la nature.

Les douze années que j'ai passées sous le beau climat de la Nouvelle-Calédonie, enfoui sous mes bananiers, au fond de ma paisible vallée, entre mes chers vieux parents, sont les plus douces, les plus heureuses de mon existence ; et je dirai une fois de plus comme tous ceux qui les ont parcourus : Quand on a vu cette belle nature, ces beaux pays du soleil, on veut encore les revoir... et je les retrouverai toujours avec un nouveau bonheur !

Imprimerie de l'Ouest, A. NEZAN, Mayenne.

www.ingramcontent.com/pod-product-compliance
Lightning Source LLC
LaVergne TN
LVHW051124060726
842526LV00006B/1896